TABLEAU

DES ÉLECTIONS

DEPUIS 1789 JUSQU'EN 1816,

Suivi de quelques idées sur les Élections prochaines.

PAR M. DE CHAZET.

J'espère que dans ce moment des Élections, mon Peuple répondra à la confiance que j'ai mise dans son amour et sa sagesse.

Réponse du Roi au Corps Municipal de la Ville de Paris, le 25 août 1817.

A PARIS,

Chez
MONGIES, LIBRAIRE, Boulevard Poissonnière.
DELAUNAY, LIBRAIRE, au Palais-Royal, galerie de bois.
PETIT, LIBRAIRE, au Palais-Royal, galerie de bois.
PILLET, IMPRIMEUR-LIBRAIRE, rue Christine.

1817.

DE L'IMPRIMERIE DE LEFEBVRE, RUE DE BOURBON, N°. 11.

TABLEAU DES ÉLECTIONS,

DEPUIS 1789 JUSQU'EN 1816.

L'INSTANT des élections approche ; je veux soumettre à mes concitoyens quelques réflexions que je crois utiles : ma vie politique ne doit point discréditer mes paroles ; je n'ai jamais aimé la *Révolution,* et son nom seul, synonyme de bouleversement, me prouve que j'ai eu raison : le seul GAGE (*) que je lui aie donné est une fortune de deux millions. Ce sacrifice, bien involontaire sans doute, me met, au moins, dans une position favorable : en m'empêchant d'être éligible , il assure mon indépendance. Je pourrai m'expliquer librement sur les choix dont on va s'occuper ; il sera bien reconnu que l'intérêt personnel, ce grand mobile des actions humaines, n'entre pour rien dans les principes que je pose , ni dans les conseils que je donne ; et quand j'aurai fait le portrait du député que je préférerais, on ne me soupçonnera pas d'avoir fait le mien. Je n'écris que par conviction, je

____

(*) Donner des gages, à la révolution, était l'expression favorite des Solon de 1793.

dis ce que je crois être la vérité, sans avoir l'intention de blesser personne. Si je me suis trompé, c'est de bonne foi, et j'aurai pour excuse ce mot si naïf du philosophe de Bordeaux : *Je donne mon avis, non comme bon, mais comme mien.*

CONSIDÉ-
RATIONS
GÉNÉRALES.

Depuis vingt-cinq ans que la France est soumise à toutes les chances des événemens les plus extraordinaires, les élections ont toujours eu une grande influence sur ses destinées; on a recherché dans plusieurs écrits les causes de la Révolution; quelques auteurs l'ont attribuée au désordre des finances, les autres à la faiblesse du gouvernement, ceux-ci aux progrès des lumières, ceux-là à l'audace des novateurs : il me semble qu'avec un peu de réflexion, on nous aurait épargné le vague des déclamations et le dégoût des lieux

ÉLECTIONS
de 1789.

communs. La Révolution française dut son origine aux élections de 1789 : la double représentation du tiers brisa la balance des ordres, et rompit l'équilibre politique ; le nombre des novateurs s'accrut de tous les membres de la noblesse qui désertèrent leur ordre : il ne fallait qu'une réforme, et il y eut une *Révolution ;* tel fut l'effet immédiat du premier mode d'élections.

On ne connaît que trop les déplorables excès auxquelles se livra cette assemblée, *soi-disant constituante,* qui ne remplit aucune des intentions de ses commettans. Rappeler ses torts serait sortir du cercle que je me suis tracé : je veux prouver le danger des mauvaises élections, et ce danger sera bien démontré aux yeux de tout homme raisonnable, pour peu qu'on se rappelle les opérations désastreuses de cette assemblée qui, de folies en folies et de décrets en décrets, finit par précipiter dans le néant la plus belle Monarchie de l'Europe.

Les secondes élections eurent lieu au mois d'août 1791 ; les clubs étaient alors dans toute leur vigueur ; les clubs, ces tocsins des partis, échauffaient les têtes, et répandaient les principes subversifs de tout gouvernement établi ; c'est dans ces pépinières de factieux que les électeurs choisirent les députés : on voulait se préserver des flatteurs du Roi, on nomma des flatteurs du peuple, qui lui parlaient sans cesse de sa toute-puissance et de sa souveraineté, pour devenir souverains et tout puissans par lui. Les honnêtes gens avaient émigré ou vivaient dans la retraite ; ils ne prirent donc aucune part aux élections, on s'en aperçut : pour donner une idée des progrès qu'avait déjà fait, en 1791, l'esprit révolutionnaire, il suffira de dire que les députés les plus influens de la seconde assemblée étaient Fermont, Isnard, Vergniaud, Guadet, Gensonné, le prêtre Fauchet, le capucin Chabot, Thuriot, Choudieu, etc. ; aussi chaque jour fut marqué

ÉLECTIONS de 1791.

par un nouvel outrage à la dignité royale :
tantôt on décrétait que le président entrerait
chez le Roi sans être annoncé ; tantôt on arrêtait
qu'il ne l'appelerait plus *Sire*, et que le mot
de *Votre Majesté* serait également supprimé ;
attendu, disait-on, qu'il n'y avait pas d'autre
Majesté que celle de la loi ; tantôt enfin, on
décidait que l'assemblée ne se leverait pas à
l'arrivée du Roi, et qu'elle resterait couverte en
sa présence. C'est ainsi qu'on arrachait peu à peu
au malheureux Louis XVI sa couronne ; il des-
cendit tout-à-fait de son trône le 10 août 1792, et
l'assemblée, devenue complice des factieux, ra-
tifia, par décret, leur insurrection. A compter
de ce jour, qu'un Français voudrait pouvoir
rayer de nos annales, le sang coula par tor-
rent ; des assassins armés pénétrèrent dans les
prisons, et devinrent tout à la fois juges et
bourreaux : les exécutions durèrent deux jours,
et ce qui paraît hors de toute vraisemblance,
ce qu'on refuserait de croire, si l'on n'y était
forcé par l'implacable Moniteur ; un ministre
de l'intérieur, Rolland, vint le 4 septembre,
le lendemain des massacres, à l'assemblée, et
osa lui dire : « Il faut laisser un voile sur les évé-
» nemens des jours derniers : le peuple, ter-
» rible dans sa vengeance, y exerce encore une
» sorte de justice ».

Cependant, l'Assemblée Législative avait décrété, dans sa séance du 12 août, qu'il y aurait une Convention Nationale : il fallut donc de nouvelles élections ; c'est alors que les Gorsas, les Audouin, les Carra, les Camille-Desmoulins, les Robespierre et les Marat furent choisis. On nomma aussi deux étrangers célèbres ; d'abord Anacharsis Clootz, qui prêta le serment suivant : « Je jure d'être fidèle à la » Nation universelle, à l'Égalité, à la Li-» berté, à la souveraineté du genre humain ; » Gallophile de tout temps, mon cœur est » français, et mon âme est sans-culotte ».

On nomma ensuite le docteur Priestley ; ce choix excita dans l'assemblée la joie la plus immodérée ; elle exprima ses transports par les cris de *vive la Liberté universelle, vivent les Anglais* ; le canon annonça au peuple cette nomination.

Cette fois, les mauvaises élections déchaînèrent sur la malheureuse France tous les maux réunis : c'était la boîte de Pandore, à l'espérance près. Le plus vertueux des Princes, mourant sur l'échafaud comme Dieu sur la croix ; la plus héroïque, la plus généreuse, la meilleure des Reines, partageant son supplice comme elle avait partagé sa prospérité ; sainte Elisabeth joignant à l'exemple de sa vie celui de sa mort : un Enfant-Roi n'ayant pour trône qu'une prison ; l'Orpheline du Temple désespérée de survivre à son père, à son frère, à ses deux mères, échangée contre des rebelles, et restituée par les ennemis des Rois à la famille des Césars ; la guerre intérieure et la guerre étrangère, vingt mille cachots ouverts par les destructeurs de la Bastille, les riches dépouillés sans profit pour l'Etat ; partout la dévastation, le pillage, la famine et la mort : tel est le hideux et trop fidèle tableau de la France depuis 1792 jusqu'en 1794 : tel fut le résultat des mauvaises élections.

Après le 9 thermidor, la France sembla respirer : on promulgua cette constitution de l'an III, qui créait un Directoire et deux Conseils : on nomma de nouveaux députés ; de bons choix auraient pu sauver l'Etat, mais les factieux, en renversant Robespierre, n'avaient détrôné ce Roi de la terreur que pour perpétuer leur domination ; ils firent donc décider que deux tiers de la Convention resteraient dans le Corps Législatif. Le même esprit continua à dicter les mêmes mesures : ce ne fut qu'au mois de mars 1797, que les élections présentèrent quelques noms estimés, tels que les Pastoret, les Pichegru, les Willot, etc., etc.

Déjà les lois de sang étaient rapportées,

déjà les journalistes se prononçaient pour la
cause de la Monarchie, avec la liberté la plus
courageuse. Vain espoir !.... un coup d'Etat
vint replonger la France dans le chaos dont
elle essayait de sortir, et le Conseil des Cinq-
Cents eut l'audace de prendre , dans la nuit du
18 au 19 fructidor an V (4 septembre 1797),
la résolution suivante :

« Attendu que tous les derniers choix des
» Assemblées primaires ont porté sur les par-
» tisans de la Royauté, et fait entrer dans le
» Corps Législatif des émigrés et des rebelles,
» sont déclarées nulles les opérations de qua-
» rante-huit départemens. Sont condamnés à la
» déportation les nommés Aubry, Job Aimé,
» Bayard, Blain, Boissy d'Anglas , Borne ,
» Bourdon de l'Oise, Cadroy , Couchery, de la
» Haye, de la Rue, Doumerc, Dumolard,
» Duplantier, Duprat, Gilbert Desmolières,
» Henri Larivière, Imbert Colomés, Camille
» Jordan, Jourdan des Bouches-du-Rhône,
» Gau, La Carrière, Lemarchand de Gomi-
» court, Lemérer, Mersan, Madier, Maillard
» de la Somme, Noailles, André de la Lozère,
» Mac-Curtáin , Pavie, Pastoret, Pichegru ,
» Polissart, Praire-Montaud , Quatremère de
» Quincy, Saladin, Siméon, Vauvilliers, Vien-
» not de Vaublanc, Villaret-Joyeuse, et Wil-

» lot , tous membres du Conseil des Cinq-
» Cents ;

» Sont également condamnés à la déportation
» les nommés Barbé-Marbois, Dumas, Ferrand-
» Vaillant, Lafont-Ladebat, Laumont, Mu-
» raire, Murinais, Paradis, Portalis, Rovère
» Tronçon - Ducoudray , tous membres du
» Conseil des Anciens ;

» Sont également condamnés à la déportation
» les nommés Brottier, Lavilleheurnoy, Du-
» verne de Presle , Dossonville , Miranda ,
» Morgan, Suard, rédacteur des *nouvelles Po-*
» *litiques*, Rippert et Michaud, propriétaires de
» la *Quotidienne*, La Mardelle, Alissan de Cha-
» zet, Destor, et Emmanuel Dupaty , proprié-
» taires-rédacteurs du *Déjeûner*, etc.; etc... »

Le Conseil des Cinq-Cents , débarrassé de
ses membres opposans qui arrêtaient sa marche,
se livra sans contrainte à ses habitudes révolu-
tionnaires , et pour être plus certain que les
élections du mois de mars suivant seraient fa-
vorables aux Républicains *purs*, il décida que
les Conventionnels pourraient être réélus; cette
mesure ne lui parut pas suffisante, et les plus
odieuses manœuvres furent employées pour
assurer le triomphe des Jacobins aux élections ;
toutes les formes tutélaires de la liberté des
suffrages furent indignement violées ; des ci-

toyens paisibles privés arbitrairement du droit de voter, des étrangers furtivement admis pour être utiles au parti dans les momens de faiblesse, de faux bulletins pour suppléer au nombre; des scélérats couverts de sang et de rapines, qui avaient paru dans la Révolution comme les fripons dans les incendies, désignés à la préférence du peuple; tels furent les moyens que les factieux employèrent pour relever le trône sanglant de la terreur sur le débris des lois : les terroristes s'emparèrent des nominations, et réunnirent leurs suffrages sur des brigands, sur des malfaiteurs d'élite qui avaient égorgé dans les prisons le 2 septembre, et qui avaient porté en trophées les têtes de leurs victimes. Le Directoire fut épouvanté lui-même de la licence de ces choix, et par suite d'un de ses messages, le Conseil osa, pour la seconde fois, annuler une partie des opérations des assemblées électorales; il se traîna ainsi jusqu'en brumaire an VIII, époque où Buonaparte fit la révolution de Saint-Cloud, et s'empara du gouvernement. Depuis son avénement au Consulat, jusqu'à la première restauration de 1814, il y eut un assez grand nombre d'élections; mais il est inutile que je les rappelle, puisqu'elles n'avaient lieu que pour la forme : on savait presque d'avance quels seraient les députés; un Conseiller d'État

ÉLECTIONS diverses.

faisait une proposition de loi ; le Corps Législatif, si plaisamment surnommé *le Conseil des Muets*, l'enregistrait ; le Sénat l'acceptait, et la loi était promulguée : jamais de discussion sérieuse, jamais de controverse. On n'a pas oublié ce qui arriva dans la seule occasion où des députés courageux, MM. Lainé, Raynouard et quelques autres, se permirent des observations : le Corps Législatif fut fermé le lendemain.

Le Roi rentra en France en 1814, mais notre bonheur ne dura que dix mois : la trahison ouvrit à l'usurpateur le chemin de la Capitale ; il fallut de nouvelles élections ; elles furent abandonnées aux amis de la révolution : beaucoup d'hommes honnêtes se seraient fait, d'ailleurs, un scrupule d'accepter la place de député ; on choisit donc ou des seïdes de Buonaparte, ou des vieux apôtres de la Révolution, bien connus pour lui avoir donné des *gages* ; si dans le nombre, on comptait quelques esprits raisonnables, il fallait qu'ils fussent d'une minorité ou d'une faiblesse effrayante, puisque, pendant cette session de trente-huit jours, ils n'ont rien pu faire d'utile ; et qu'ils n'ont pas même eu le mérite expiatoire de proclamer le Souverain légitime, après la bataille de Waterloo.

Élections de 1815.

(13)

Le second retour du Roi nécessita une nou-
velle convocation des Collèges électoraux; tout
ce qu'il y avait d'honnête en France s'y trouva;
la session de la Chambre de 1815 dura six mois,
et fut remarquable par l'expulsion des régicides,
l'établissement des cours prévôtales, etc , etc.

Le Roi, par son ordonnance du 5 septembre,
ordonna la dissolution de cette Chambre, et
convoqua de nouveau les Collèges électoraux;
les députés se réunirent au mois de novembre,
et c'est pendant le cours de cette session, que
la Chambre rendit cette loi qui a trouvé des
défenseurs zélés, des antagonistes ardens, et en
vertu de laquelle les élections commenceront le
20 de ce mois : au lieu d'entrer dans l'examen
aussi difficile que superflu d'une loi qui reçoit
son exécution, je me borne à citer la réponse
du Roi au Corps municipal de la ville de
Paris : « J'espère que dans ce moment des élec-
» tions, mon peuple répondra à la confiance
» que j'ai mise dans son amour et sa sagesse ».
Puissent ces paroles mémorables retentir dans
l'âme de tous les électeurs ! ils se réunissent en
vertu d'une loi méditée par un Roi qui aime
son peuple; puissent-ils se souvenir qu'ils vont
nommer les députés d'un peuple qui aime son
Roi ? qu'ils se rendent difficiles, moins encore
sur les talens que sur les sentimens, et que
pour trouver avec moins de peine les hommes

qu'il faut choisir, ils s'entendent bien sur ceux qu'il faut exclure ; et d'abord, pour ne pas être accusé d'exagération, que l'on confond souvent par mégarde ou à dessein avec l'énergie , comme si l'on pouvait prendre une qualité pour un défaut , je me hâte de déclarer que je suis loin de vouloir rayer de la liste des Candidats , les hommes qui ont occupé avec distinction depuis vingt ans des emplois publics , et qui ont été associés, indépendamment de leurs volontés, aux destinées générales de la Révolution sans les diriger ; pourvu toutefois que ces hommes aient traversé avec honneur le siècle des cent jours : c'est là surtout ce que je considère ; c'est là l'époque décisive ; c'est alors que le caractère politique des Français, jeté pour ainsi dire au creuset du malheur, est sorti pur ou impur de cette épreuve délicate , et doit par conséquent inspirer l'estime ou la défiance ; c'est à ce temps seul que je veux remonter , non pas pour récriminer , mais pour faire des choix , parce que c'est alors que le Roi a pu distinguer ses vrais serviteurs, comme la peste nous fait connaître nos amis : quant à moi, qui n'ai jamais déguisé ma pensée ; si je pouvais me faire entendre à la fois des électeurs de la France entière, je leur dirais franchement et sans art :

« Ne choisissez pas ces généraux parjures » qui, chevaliers de Saint-Louis le 18 mars, sont

» devenus, le 21, esclaves de l'usurpateur,
» au mépris du serment le plus redoutable et le
» plus sacré que Dieu, le Roi et la Patrie aient
» jamais imposé à la conscience des hommes.

» Ne choisissez pas ces entrepreneurs de roya-
» lisme, qui spéculent sur leurs opinions d'hier,
» et qui, Buonapartistes dans l'interrègne,
» sont devenus Bourbonistes le 9 juillet.

» Ne choisissez pas ces vétérans de la Révolu-
» tion, qui ont traîné de club en club et d'assem-
» blée en assemblée, l'opprobre de leur nom et
» le scandale de leur doctrine, ces théoriciens
» incurables qui s'écrieraient encore avec le
» Néron des sans-culottes ; *Périsse l'univers*
» *plutôt qu'un principe.*

» Ne choisissez pas davantage ces prétendus
» philosophes qui, avec des formes moins *acerbes*
» et des principes plus modérés, ont l'art de dis-
» tiller un poison subtil, parlent avec respect
» du Roi, mais s'expriment sur les Princes de
» sa maison avec des réticences perfides, comme
» si l'amour des Bourbons n'était pas indivisible
» dans le cœur des bons Français, et comme si
» les rameaux de l'arbre monarchique n'étaient
» pas tous également sacrés.

» Ne choisissez pas ces publicistes du *Nain*
» *Jaune*, qui ne reconnaissent d'autre légitimité
» que la légitimité révolutionnaire, qui nient

» les droits de toutes les dynasties, et qui pré-
» tendent qu'on peut prononcer la déchéance
» d'un Roi comme la destitution d'un Préfet.

» Ne choisissez pas ces professeurs de matéria-
» lisme qui tournent la religion en ridicule, et
» voudraient ôter aux hommes leurs principes,
» à l'infortune son égide, a ux pauvres leur con-
» solation.

» Ne choisissez pas ces déserteurs del'autel,
» qui ont violé le plus saint des sermens, et,
» nous apprenant à mépriser ce qu'ils semblaient
» mépriser eux - mêmes, ont prêché le scan-
» dale, au lieu de prêcher la vertu : les apos-
» tats d'un Dieu ne seront jamais les fidèles
» sujets d'un Roi.

» Ne choisissez pas ces écrivains sans pu-
» deur, qui ont osé, pendant les cent jours,
» lancer leurs traits impuissans contre le meil-
» leur des Rois, et n'ont pas su respecter la
» vertu embellie par l'auréole du malheur.

» Ne choisissez pas ces chefs d'adminis -
» tration, qui, après avoir prêté serment à
» Louis XVIII, n'ont été fidèles qu'à leurs
» places, et se trouvant, par leur fortune, à
» l'abri des tentations de l'indigence, ont cru
» s'excuser en disant qu'ils signaient l'acte
» additionnel , *comme on signe une feuille*
» *d'appointemens :* commettant ainsi un crime

» pour dissimuler un tort, et appelant, pour
» ainsi dire, leurs vices au secours de leur
» bassesse.

» Non, tous ces hommes ne sont pas faits
» pour être les arbitres des destinées de la
» France !... et qu'on ne dise pas, Messieurs,
» qu'en vous invitant à ne point les introduire
» dans la Chambre des Députés, je rappelle
» leurs fautes, je rouvre des plaies qui saignent
» encore, et je ranime un feu qu'il faut
» éteindre. Non, Messieurs, vous ne le pen-
» serez pas ! Les souvenirs que je réveille res-
» semblent aux phares qu'on place auprès des
» écueils ; vous ne confondrez pas le brandon
» de la discorde avec le fanal de la prudence :
» personne plus que moi ne désire que toutes
» les haines s'assoupissent, et qu'un voile sa-
» lutaire couvre les erreurs passées ; tous ceux
» que je viens de signaler n'ont rien à crain-
» dre des lois. Le Roi, *qui n'a jamais promis en*
» *vain*, leur a promis le pardon : heureux s'ils
» peuvent se pardonner eux-mêmes ; mais par-
» donner n'est pas récompenser ; l'indulgence
» est, sans doute, une faveur pour eux, mais
» c'est la seule à laquelle ils puissent aspirer :
» ceux qui ont besoin de regrets pour des
» erreurs, ne doivent pas chercher le grand
» jour : loin de prétendre à être les interprètes

» de nos vœux, qu'ils en demandent pour leur
» douleur ; l'amnistie protége leur existence,
» qu'ils en jouissent, mais qu'ils renoncent à
» briller ; il n'y a point d'amnistie pour le
» mépris ».

Tel est, je l'avoue, le langage que je tiendrais aux électeurs, et quelque chose me dit qu'ils préféreraient mes conseils à ceux d'un écrivain qui désire qu'on ne choisisse que des hommes *indépendans* : Ce qui me déplaît surtout dans ce vœu, c'est son obscurité ; commençons par définir le mot pour mieux juger la chose : si, par là, on entend des hommes dévoués à la Monarchie légitime, et auxquels le gouvernement confierait volontiers des places importantes, si leur fortune personnelle ne les mettait pas à même de s'en passer, alors, je dirais aux électeurs : nommez des *indépendans* : mais si cette expression désigne ces hommes qui sont indépendans bien malgré eux ; qui n'ont pas de place aujourd'hui, parce qu'ils en ont eu dans l'interrègne, et que le gouvernement surveille sans les craindre, enfin, ces hommes qui sont, comme on l'a ditingénieusement, *indépendans par accident*, alors je dirai aux électeurs : Méfiez-vous des *indépendans*.

M. Benjamin de Constant ajoute que ces

hommes ont toujours voulu , depuis vingt-cinq ans , la même chose , et *n'adoptent aucun symbole :* si je ne me trompe , ceci est plus clair , cela veut dire qu'il faut choisir des députés qui tiennent au sol de la France , et qui ne tiennent à aucun emblème distinct, *tros, Rutulus ve fuat ;* c'est la fameuse doctrine du gouvernement de fait, doctrine invoquée comme excuse par les infidèles du 20 mars ; ce sont ces principes que je combats , et que je combattrai toujours. Si j'étais électeur , et qu'on sollicitât ma voix pour un homme qui joignît les lumières les plus étendues à la probité la plus délicate , je demanderais : Aime-t-il le Roi ? et si l'on me répondait : Il ne tient à aucun *symbole ;* non-seulement je ne le nommerais pas, mais j'engagerais tout le monde à ne pas le nommer. Ce ne serait pas même assez pour moi que l'on fût ami du trône si l'on n'était pas ami du trône des Bourbons : ce trône est le palladium de notre existence politique , la sauve-garde de nos libertés. L'heure du repos est sonnée : n'exposons plus la France au danger des mauvais choix ; ne souffrons pas que des Députés imprudens ou passionnés viennent encore , en profanant la tribune , reproduire leurs déclamations ampoulées sur les droits des peuples et les devoirs des Rois : la Charte nous a donné ce que l'infortuné Louis XVI, d'immortelle et douloureuse mémoire, nous avait offert au mois de juin 1789; il nous a fallu vingt-cinq ans de troubles et de malheurs pour mieux apprécier un si grand bienfait : prouvons que nous en sommes dignes. Électeurs ! acquittez-vous du devoir le plus sacré, celui de choisir des hommes incapables de fléchir sur les principes, et sincèrement dévoués à la légitimité. Nos Députés peuvent différer d'opinion sur les lois qu'on présente; il le faut même, pour l'intérêt de la discussion, et la liberté des consciences, mais ils doivent être unanimes sur les grandes questions d'ordre public; c'est de leur union que dépend la nôtre : si les choix sont dictés par la sagesse, le moment n'est pas loin où la France, si féconde en ressources, devenue libre de tout engagement, jouira, pour elle-même, de ses richesses : les haines s'éteindront; les Français, ralliés autour de ce trône antique, raffermi sur ses bases, n'auront plus qu'une seule pensée. Enfin, les méchans, effrayés d'être si peu nombreux, se verront dans l'impuissance de nuire, et, seront réduits à mordre en silence, le frein des lois.

FIN.